AVEU D'UNE ERREUR

PAR

A. GOZZOLI,

RÉDACTEUR - GÉRANT DE L'EX-JOURNAL MENSUEL

LA **VOIX D'UN PROSCRIT.**

> Si quelques-uns de ceux qui reconnurent
> votre identité avec l'Orphelin du Temple,
> la rejettent comme impossible à cette heure,
> l'objection la plus décisive qu'ils lui op-
> posent c'est votre infamie.

(La traduction anglaise de cette brochure va paraître à Londres.)

BOULOGNE-SUR-MER.

IMPRIMERIE DE F. BIRLÉ, RUE DES PIPOTS, N° 36.

MAI 1841.

———

POST SCRIPTUM.

AVEU D'UNE ERREUR.

PRÉAMBULE.

Plus de deux ans se sont écoulés depuis que j'ai créé la *Voix d'un Proscrit*. Quel but me proposais-je? Ceux qui me lisent ne l'ont pas oublié : je voulais protéger un proscrit victime d'un long malheur, l'héritier méconnu d'un grand nom, contre la politique qui lui avait ravi ses droits de citoyen et qui s'efforçait de confisquer son existence ; je voulais qu'une presse amie le couvrît de son égide ; j'espérais qu'une des mille voix de cette reine de l'opinion, réclamant justice pour lui, périodiquement, finirait par briser l'arbitraire qui l'opprimait, en lui ouvrant la porte des tribunaux de sa patrie. Un tel but n'avait rien que de noble : je me glorifierai toujours d'avoir cherché à l'atteindre. Dans un temps où la vénalité est le seul mobile des écrivains, où l'or et la puissance effacent toute les souillures, et où l'on voit les personnages les plus abjects encensés par des apologistes à gages, à la face du jour, sans que la conscience publique s'en émeuve et sans que personne y trouve à redire, on peut être fier d'avoir élevé une voix désintéressée en faveur de l'infortune, pendant qnatorze mois.

S'il y a des pages que je voudrais pouvoir retrancher de la *Voix d'un Proscrit*, ce ne sont pas celles où m'adressant aux dépositaires du pouvoir, avec une franchise énergique qui n'était pas exempte de périls, je leur ai dit sur tout les tons :—« Vous n'aviez pas le droit d'expulser du royaume le citoyen qui s'était placé sous la protection des juges ; vous avez violé à son égard les lois dont la société vous a constitué les premiers gardiens ; vous l'avez bâillonné pour ne pas l'entendre, parce que vous savez que le nom qu'il réclame lui appartient légitimement, et parce qu'il vous serait impossible de lui prouver le contraire. Vous avez fait de l'arbitraire sauvage, ot l'acte que vous appelez une mesure de haute police, n'est qu'un acte de brigandage administratif. »—Je ne voudrais pas non plus effacer une seule des lignes où, me livrant à l'indignation, j'ai flétri la conduite d'une sœur dénaturée.

Mais l'homme dont j'exaltais la grandeur d'âme, la noblesse de sentiments, la loyauté, la résignation dans le malheur, la haute piété, la soumission aux décrets de la providence ; le proscrit dans lequel j'avais été jusqu'à voir l'instrument choisi par Dieu, pour rétablir dans sa pureté la religion du Christ, falsifiée par la politique humaine, n'était rien moins que cela ; je l'ignorais. Ayant vécu loin de lui constamment, je ne le connaissais que par les rapports d'amis trop long-temps abusés sur son caractère , trop long-temps fascinés par ses artifices. Enfin, je passai le détroit et je vins faire un séjour à Camberwell. Alors, j'examinai d'un œil scrutateur celui que j'avais cru si parfait et si pur à distance : ma désillusion fut rapide. Je me tournai vers les prôneurs dont les apologies m'avaient formé une croyance si fausse ; leur enthousiasme avait disparu , et leur défiance était éveillée depuis plus d'un jour. Cependant ils s'efforcaient de renfermer leurs tristes pensées dans leurs cœurs ; ils soupçonnaient la vérité entière , ils la cherchaient et la fuyaient tout-ensemble. Cet état moral était trop pénible pour pouvoir durer : une réunion de circonstances qui ont quelque chose de providentiel en précipita le terme.

Leurs yeux et les miens s'ouvrirent , l'évidence nous accabla.—Le jongleur religieux pour lequel rien n'est sacré ; le fourbe à qui les ruses déloyales sont familières et pour qui tous les moyens sont bons ; l'ami perfide et cyniquement ingrat ; l'homme sans probité ; le pére de famille , l'époux, le vieillard, vivant dans le désordre loin des siens, et s'abandonnant sans remords à la plus honteuse immoralité, tel fut l'être réel qui , se substituant au modèle de vertus touchantes que nous avions créé , s'offrit sans voile à nos regards.

Nous comprîmes qu'il nous restait un devoir à remplir. Nous avions égaré l'opinion ; nous nous étions portés les garans d'une révélation divine qui n'était qu'une imposture : il est vrai que nous l'avions fait avec bonne foi ; mais devions-nous , obéissant à un respect humain puéril et à un faux orgueil, demeurer muets en présence d'un audacieux mensonge constaté ? Une morale sévère se fût-elle accommodée de notre silence ? Nous ne le pensâmes pas.

La presse avait propagé l'expression de notre foi ; la presse reçut l'aveu de nos erreurs. Mais cet aveu trop brièvement formulé, n'a peut-être pas rempli suffisamment nos intentions. Des imbécilles et deux ou trois misérables s'efforcent de dénaturer nos motifs, et de tourner nos généreuses réticences contre nous. Ils balbutient de sottes injures ; ils disent que nos accusations sont dénuées de preuves , que nous n'en avons pas à donner, etc. De son côté, l'imposteur que notre pitié épargnait , continue ses jongleries : cet impie qui ne croit pas en Dieu , se pose en Christ persécuté, et nous représente comme des méchants et des calomniateurs.

Ah! nous sommes des calomniateurs ! nous n'avons ni faits ni preuves ! Ce langage impudent nous trace nos obligations. On nous défend d'être généreux , nous ne le serons plus , nous parlerons. Cette vie de cénobite, cette pieuse retraite inconnue au monde, qui fut ordonnée par *l'ange* au commencement de 1840, et qui n'est pas moins un mystère pour la famille du *révélateur* que pour ceux qui l'entourent, n'en est plus un pour nous. Nous le connaissons ce mystère ; nous avons déjoué les ruses qui le protégeaient ; nous avons bravé la défense de l'ange ; nous avons voulu tout savoir et nous avons tout su.

Ce que nous avons su je le dirai. Puisse l'homme dégradé et coupable , que je ne me résous à accabler qu'avec une profonde tristesse, être ramené au bien par l'excès de la honte ! Puisse la publicité donnée à ses désordres produire sur lui un effet salutaire !

RÉSUMÉ DE NOS CONVICTIONS.

La lettre suivante, adressée aux anciens lecteurs de la *Voix d'un Proscrit*, et la déclaration collective qu'elle précède , ont été imprimées récemment , et résument les convictions de leurs signataires. C'est l'insuffisance de ces écrits constatée par une courte expérience qui me décide à entrer dans quelques détails. C'est parce qu'ils n'en disent pas assez pour éclairer la conscience de tous, et pour réduire au silence la mauvaise foi de certains individus, que je publie la présente brochure. Ces deux pièces y trouvent naturellement leur place.

Aux anciens abonnés et lecteurs de la VOIX D'UN PROSCRIT.

Il y a des devoirs dont l'accomplissement est on ne peut plus pénible à ceux auxquels ils sont imposés. Mais, quand on a contribué à entraîner dans une voie de mensonge des gens de bonne foi qu'on croyait conduire à la vérité ; quand on a provoqué l'intérêt, l'estime, les sympathies les plus généreuses, les dévouemens et les sacrifices les plus touchans, en faveur d'un personnage méprisable et d'une cause abjecte , il y aurait plus que de la faiblesse, il y aurait complicité morale à ne pas avouer tout haut son erreur. Ce devoir qu'une probité sévère impose, je viens le remplir au grand jour de la presse.

Parmi ceux qui ont examiné la question historique de la mort du Dauphin au Temple, il en est peu qui révoquent en doute la réalité de l'évasion du jeune prince et la fausseté de l'acte qui constate son décès. Cette opinion qu'il est difficile de ne pas partager, après un examen impartial du fait et des circonstances qui l'accompagnèrent ; n'a pas cessé d'être la mienne. Ce que je pensais là-dessus hier, il y a six mois, il y a six ans, je le pense encore aujourd'hui ; et je n'entends rien rétracter de ce que j'ai pu dire ou publier à ce sujet.

Un homme se présenta à des royalistes, il y a peu d'années, et leur dit : « Je suis le martyr vivant que vous cherchez ; je suis ce dernier
» descendant de soixante monarques, que la république déclara mort en
» le voyant soustrait à ses fers ; je suis cette victime d'une politique
» cruelle et d'une famille sans entrailles, qui erre depuis quarante ans
» sans famille et sans patrie ; je suis ce Paria que les rois de l'Europe
» repoussent à l'envi l'un de l'autre, moi leur égal par ma naissance, moi
» qu'ils devraient traiter comme un frère ; je suis cet infortuné à qui la
» Providence semble n'avoir laissé pour asyle que la pitié de quelques
» Français généreux et pauvres ; je suis le fils de Louis XVI et de Marie
» Antoinette. »

Cet homme les intéressa, il les émut : il y avait quelque chose de si persuasif dans son accent, de si simple dans ses récits ; il savait si bien appeler les larmes à l'appui de sa véracité, qu'ils se sentirent disposés à l'écouter favorablement. Il les initia à une vie passée de douleurs et de misères ; il déroula devant eux une longue et lamentable histoire. Le Gouvernement Prussien, qui connaissait son origine, l'avait persécuté d'une manière atroce : il l'avait fait traîner devant sa justice criminelle, tantôt comme incendiaire, tantôt comme faux monnayeur, pour deshonorer le fils de Louis XVI dans sa personne. Et lui, toujours innocent, toujours vertueux, il s'était vu condamner comme le dernier des malfaiteurs ; il en avait subi la peine, et forcément accepté l'opprobre.

D'anciens serviteurs du roi-martyr déclarèrent que ce nouveau venu n'était pas un fourbe comme ses prédécesseurs ; ils se portèrent les garans de son identité : leur conviction précéda et détermina toutes les autres.

Survint l'expulsion opérée sur l'ordre du ministère français, au mois de juillet 1836. A l'aspect de cet acte illégal et violemment hostile en apparence, on s'écria : « Oh ! c'est bien le fils de Louis XVI ! A quel autre
» que lui oserait-on interdire par la force l'entrée du sanctuaire de la
» justice ? Pourquoi l'expulserait-on, s'il n'était pas celui qu'il affirme
» être ? » Voilà ce qui fut dit, un peu légèrement peut-être : il ne vint à l'esprit de personne, que ce coup d'état administratif qu'on prenait pour une mesure dictée par la crainte et pour un aveu d'identité, pourrait bien n'être au fond qu'une adroite rouerie politique concertée entre les persécuteurs et la victime ; un brandon de discorde à l'adresse d'un parti ; un drapeau jeté dans son camp pour diviser ses forces.

Ce nouveau Joas, éprouvé par tant d'adversités, sauvé miraculeusement tant de fois, ne parut pas avoir été conservé sans un but providentiel. Égarés par son artificieuse hypocrisie, ses amis l'avaient doué, sur sa parole, des qualités les plus touchantes et du cœur le plus noble. Qui ne comprendra pas ces illusions que se font des âmes généreuses ? Il s'était offert à eux, ceint de la double auréole du malheur et de la vertu : bientôt il en vint à leur tenir ce langage : — « Vous voyez en moi l'instrument » choisi par la Providence pour pacifier la France divisée par les factions, » et pour consolider la paix de l'Europe. Vous voyez le Messie que l'uni-» vers attend, que les oracles annoncent, comme devant rétablir la vérité » et la justice de Dieu sur la terre. Telle est la grande mission politique » et religieuse que le Tout-Puissant a réservée au fils de Louis XVI. » Voilà ce qu'il dit à ceux qui l'avaient reconnu, et presque tous le crurent.*

Je le crus moi-même avec eux : pourquoi craindrais-je de l'avouer ? Ceux auxquels je m'adresse ont partagé mes croyances pour la plupart : ils savent comment elles sont nées, comment elles se sont fortifiées de jour en jour. Ils ont eu dans les mains les écrits que j'ai publiés, et ceux dont la lecture a déterminé ma foi. La pureté de mes sentimens et de mes actes ne saurait être plus douteuse pour eux qu'elle ne l'est pour moi ; et, si je prends la plume aujourd'hui, ce n'est pas à dessein d'entreprendre une justification dont je sais fort bien qu'ils me dispensent.

Je ne crains donc pas de rappeler un passé que j'abjure : s'il m'a entaché de quelque ridicule, il n'a rien de honteux ; car la honte ne s'attache qu'aux mauvaises actions, et elle n'a jamais flétri les victimes de l'imposture. L'homme à qui l'on ne peut plus donner le nom de fils du Roi-martyr, sans avilir ce nom, fort du dévouement d'un petit nombre de légitimistes, et de leur foi dans une identité qu'ils avaient acceptée en amis confians, plus qu'en scrutateurs sévères, leur demanda le sacrifice de leur repos, de leurs fortunes, de leur position sociale et de leurs croyances religieuses ; il leur demanda d'employer en sa faveur ce qu'ils avaient d'influence sur leurs concitoyens ; et ils regardèrent comme un devoir de le faire, et ils lui donnèrent tout ce qu'ils purent lui donner.

Leur illusion fut longue. Tant qu'ils crurent un caractère de probité au

---

* On sait que des prophéties plus ou moins authentiques furent exploitées par ce jongleur sacré, et l'aidèrent puissamment à jouer son rôle. J'ignore s'il doit apparaître prochainement un grand monarque, destiné par la Providence à pacifier l'Europe et à faire refleurir la religion et la morale. Mais ce que je ne crois pas du tout, ce que personne ne croira, c'est que Dieu, pour préparer un homme à remplir cette haute mission, commence par le flétrir aux yeux du monde, en permettant qu'il foule aux pieds tous les préceptes de la morale et toutes les lois de l'honneur.

proscrit en qui ils avaient salué un prince malheureux , ils lui conser-
vèrent leur attachement et leur respect. Combien de fois ne durent-ils
pas étouffer les soupçons qu'une foule d'indices accusateurs élevaient
dans leur esprit contre sa loyauté ! Combien de fois, embrassant sa défense
contre leur propre raison, ne se montrèrent-ils pas ingénieux à expliquer
dans un sens favorable, des actes marqués au cachet d'une fourberie
insigne, et une conduite réprouvée par la morale la plus vulgaire! Aveugles
qu'ils étaient ! La lumière brillait devant leurs yeux, et ils les détournaient
pour ne pas la voir ! Mais le bandeau qui les couvrait et qui tenait leur
intelligence captive est enfin tombé ; il est presque tombé malgré eux ; et
l'imposteur religieux, en se démasquant à leurs regards, a déchiré le voile
qui leur cachait la dépravation de l'homme privé.

Ils le confessent publiquement par mon organe, afin que chacun les en-
tende; ils le déclarent avec l'autorité d'une expérience achetée chèrement,
et pour l'instruction de ceux qui pourraient encore se laisser séduire: ils
furent abusés par un jongleur. Ce charlatan, pétri d'astuce , a mis tous
les moyens en œuvre pour les tromper et pour consommer leur ruine.
Vingt fois, ils l'ont entendu prodiguer les sermens les plus solennels, pour
les convaincre de sa mission divine, et pour attester des faits dont la fausseté devait être prouvée plus tard. Sa bouche de Tartufe ne sait que
mentir ; et c'est le mensonge sacrilège, celui que les hypocrites prononcent
en invoquant Dieu, qu'il aime de prédilection : Voilà le portrait de l'imposteur religieux.

Quant au personnage politique , il s'est suicidé de gaîté de cœur.
L'immoralité du Messie de Camberwell ; les désordres de sa vie ; * ses
habitudes et ses allures de faussaire ; le mensonge évident de ses deux
assassinats , autorisent à regarder comme plus que suspectes celles des
preuves d'identité qu'on avait acceptées bénévolement, sans autre témoignage que le sien. Or, ces preuves-là sont assez nombreuses pour justifier
les défiances et l'incrédulité actuelles de la plupart de ses anciens amis.
Ils se figuraient les tenir d'un honnête homme : l'honnête homme s'est

---

* La famille du nouveau Messie habite Camberwell; mais depuis plus d'un an, son chef vit séparé
d'elle. Il vient la visiter une ou deux fois par semaine pendant quelques heures, puis il disparaît, en
prenant des précautions incroyables pour dérober la connaissance de sa retraite, et pour dépister
ceux qui essaieraient de le suivre. Et où va-t-il de la sorte, ce père de sept enfans, ce mari presque sexagénaire, ce révélateur d'un nouvel Evangile ? Où il va ? Demandez-le à la réputation
dont il jouit! Je veux bien n'en pas dire davantage. Toujours habile à couvrir ses désordres
d'un manteau sacré, cet imposteur a imaginé de se faire ordonner par le ciel la vie qu'il mène :—
" Mon guide céleste, écrivait-il le 5 février 1840, m'a prescrit de sortir de ma maison et d'aller
m'enfermer dans une retraite, afin d'y exécuter religieusement la sainte volonté du Tout-
Puissant."

évanoui à leurs yeux, et leur confiance a disparu avec lui. Oui, il faut que vous le sachiez, vous qui profanez un nom auquel vous n'avez peut-être aucuns droits, vous qui fûtes aimé et honoré autant qn'on vous méprise aujourd'hui, si quelques-uns de ceux qui reconnurent votre identité avec l'Orphelin du Temple, la rejettent comme impossible à cette heure , l'objection la plus décisive qu'ils lui opposent, c'est votre infamie.

J'avais cru me dévouer à une infortune sacrée , à une cause noble et sainte : j'ai regardé de près celui que mes respects lointains élevaient sur un piédestal, et bientôt il ne m'a plus inspiré qu'un dégoût inexprimable.* Quel est-il, cet aventurier mystérieux, s'il n'est pas en effet le fils dégradé de Louis XVI? Je l'ignore, et je n'ai pas besoin de connaître son origine pour l'estimer à sa valeur. Est-il l'instrument d'une de ces sociétés souterraines , qui attaquent l'existence des gouvernemens dans l'ombre et minent le sol sous leurs pas ? Est-il l'agent de quelque police immonde ? Peu m'importe ! Ce que je ne sais que trop, c'est que cet homme est un fourbe aussi dangereux que fécond en ressources ; c'est qu'il est familiarisé de longue main avec la perversité la plus profonde. De loyaux défenseurs ont uni leur voix à la mienne pour le recommander à l'opinion ; nos écrits lui ont fait des partisans et des admirateurs : que ceux de nos concitoyens qui furent entraînés par nous dans cette cause nous le pardonnent. Abusés nous -mêmes , égarés de bonne foi, ** il nous restait un

---

* Je dois déclarer que je ne suis pas allé à Londres une seule fois, pendant la durée de la publication de la *Voix d'un Proscrit* ; ce n'est que long-temps après, que j'ai pu juger par moi-même l'homme de Camberwell. Si j'avais eu plus tôt l'expérience que j'acquis alors, le dégoût m'eût arraché la plume des mains, bien avant l'époque où la *Voix d'un Proscrit* termina sa carrière.

** Tous ceux qui se dévouèrent à cette cause m'ont paru de bonne foi. Je n'en excepte qu'un certain *Comte* de la fabrique de Camberwell, qui est, depuis l'origine de la fourberie religieuse, le confident intime et l'âme damnée de celui qui lui a délivré ses lettres de noblesse.

Cette lettre, adressée récemment à un journal de Paris, expliquera aux lecteurs ce qu'il pourrait y avoir d'obscur pour eux dans la note qui précède.

« Monsieur le rédacteur,—Votre numéro du 15 Janvier que je n'avais pas lu et qui vient de m'être envoyé, contient une inexactitude qui pourrait m'être préjudiciable, et dont vous me permettrez de réclamer la rectification auprès de vous.

« Un sieur Modeste Gruau, se faisant appeler faussement le *Comte de la Barre*, a porté plainte en diffamation contre le gérant responsable du *Capitole*, devant le Tribunal de Police Correctionnelle de la Seine; et vous laissez croire à vos lecteurs, dans votre compte-rendu des débats de cette affaire, que c'est comme rédacteur de l'ex-journal mensuel la *Voix d'un Proscrit*, que ce Monsieur s'est prétendu diffamé par le *Capitole*.

« Permettez-moi, Monsieur, de vous dire que, seul rédacteur, seul gérant et seul propriétaire de la *Voix d'un Proscrit*, pendant toute la durée de son existence, je n'ai autorisé personne à

devoir de conscience à remplir, celui de les éclairer, et nous prenons l'engagement de le remplir jusqu'au bout.

A. GOZZOLI,

Rédacteur-gérant de la Voix d'un Proscrit.

Londres, le 12 février 1841.

Déclaration relative au Personnage se prétendant Duc de Normandie, fils de Louis XVI, connu sous le nom de Naündorff, résidant à Camberwell, près Londres.

Des hommes d'honneur, quand ils ont été séduits par de fausses apparences, ou abusés par de généreux sentimens, peuvent propager de de bonne foi le mensonge et l'erreur ; mais aussitôt qu'ils les ont reconnus comme tels, il leur reste un devoir impérieux à remplir envers la société : celui de proclamer qu'ils ont été trompés, et de signaler l'imposture, surtout quand elle menace de faire de nouvelles victimes. Tel est le motif de conscience qui a dicté aux soussignés la déclaration suivante.

Des circonstances récentes les ayant mis à même d'approfondir une foule de faits relatifs à la mission providentielle dont se dit chargé le personnage sus-désigné, ils ont reconnu que cette mission supposée n'est qu'une audacieuse fourberie ; que des manœuvres immorales et frauduleuses, des faussetés de toute espèce, ont été employées pour exploiter la crédulité des dupes ; que les prétendus faits merveilleux et les révélations surnaturelles, à l'aide desquels l'auteur de ces impostures est parvenu à extorquer la confiance et à égarer le généreux dévouement d'un grand nombre de personnes, ne sont que d'adroites jongleries, d'autant plus abominables que, pour les soutenir, il a abusé des choses les plus saintes et s'est servi des sermens les plus sacrés. Deux faits suffiront pour faire apprécier l'audace et la perversité de quelques-uns des moyens mis en œuvre.

On n'a pas oublié les deux assassinats (du 28 janvier 1834, à Paris, et du 16 novembre 1838 à Londres), qui, bien qu'arrivés la nuit et sans témoins, servirent à donner tant de poids à l'identité du personnage et lui gagnè-

---

prendre devant la justice une qualité qui n'appartient qu'à moi, aux termes des lois sur la presse.

* Ceux qui ont approfondi l'affaire dont le sieur Modeste Gruau *reste aujourd'hui l'agent isolé*, et au sujet de laquelle il a attaqué judiciairement le *Capitole*, comprendront que j'aie à cœur de repousser toute solidarité entre lui et moi.

Agréez, etc.

A. GOZZOLI,

Rédacteur-gérant de l'ex-journal mensuel la *Voix d'un Proscrit.*

rent de si vives et de si nombreuses sympathies.—Le premier était destiné à frapper des imaginations catholiques, aussi fut-il signalé par des faits calculés pour atteindre ce but. Alors, il fut sauvé miraculeusement par une médaille de la Vierge et par un rosaire, qui furent brisés de six coups de poignard dirigés sur son cœur.

Lors de l'assassinat de Londres , les lieux et les circonstances étaient changés ; il avait un *ange*, qui insultait cette même Vierge et fulminait contre le Catholicisme. Cet attentat avait été annoncé prophétiquement par le révélateur peu de jours auparavant , et donné comme une preuve de la vérité de sa mission et de la protection toute spéciale de Dieu. Or, pour apprécier la valeur de ce témoignage, il est important de savoir que, peu de momens après l'événement, le blessé envoyait secrètement sur le lieu de la scène, son fils aîné , pour y ramasser les pistolets et les faire disparaître. Cette circonstance , restée ignorée jusqu'à présent , fut soigneusement soustraite à l'investigation des Magistrats et à la connaissance des amis qui l'entouraient.

Quant à l'auteur de cette vaste intrigue, nous n'entreprendrons pas , pour le moment, de rechercher ce qui se rapporte à ses mystérieux antécédens et aux droits sur lesquels il fonde ses prétentions. Qu'il soit le fils dégradé de Louis XVI, ou bien un criminel obscur, comme l'ont considéré les tribunaux de Prusse, ou bien encore l'agent de quelque parti ténébreux, peu importe.

En résumé, tous les faits que nous avons été à même d'approfondir, ne nous ont découvert qu'une hypocrisie consommée, jointe à l'astuce et au mensonge le plus effronté.

Ce n'est qu'après un examen mûr et consciencieux et sur des preuves incontestables , que nous nous sommes décidés à faire la présente déclaration.

LE CHEVALIER A. DE COSSON.

HUGON ROYDOR.

J. BTE. LAPRADE.

CHARLES DE COSSON.

H. CHABRON DE JUSSAC.

XAVIER LAPRADE, avocat.

A. GOZZOLI, rédacteur - gérant du journal, la
Voix d'un Proscrit.

Paris, le 16 février 1841.

QUELQUES FAITS POUR SERVIR DE PREUVES A L'IMPOSTURE RELIGIEUSE.

Quel instigateur perfide fit naître la première pensée de l'imposture religieuse dans l'âme du proscrit de Camberwell? Qui lui conseilla de se faire chef de secte, de se poser en révélateur, et de travailler à ruiner sa cause de ses propres mains, en jetant dans la balance de ses droits temporels des outrages à un clergé qui ne lui disait rien, des menaces extravagantes faites au nom du ciel, des prédictions menteuses, un évangile, un ange? Mon opinion à cet égard est connue, et elle est celle de bien d'autres. Mais sans m'arrêter à approfondir l'origine de cette fourberie, je conviendrai que le plan en fut adroitement conçu et que les premiers détails d'exécution ne manquèrent pas d'habileté. Le prestige de l'infortune unie à un nom royal ; la croyance en une vertu qui n'était qu'un masque ; la concordance de nombreuses prophéties annonçant une réforme prochaine du christianisme ; enfin, l'abjuration solennelle de deux prêtres environnés d'estime, et non moins recommandables par leurs lumières que par leur piété, tels furent les talismans qui, s'adressant à l'imagination et au cœur d'un petit nombre de personnes, les conduisirent par une pente insensible à une foi erronée. La lecture de la *Doctrine Céleste* fit le reste.

D'où vient la Doctrine Céleste? Quel est l'auteur, ou, quels sont les auteurs de ce livre dicté dans une langue étrangère par l'envoyé du ciel, traduit en idiôme franco-germanique par celui auquel il était dicté, pour passer en d'autres mains qui lui faisaient subir une dernière épuration? (1) Cette question est fort indifférente en elle-même. La science du plagiat n'est ni difficile, ni nouvelle : les intelligences les plus pauvres peuvent y atteindre. Quiconque a lu l'histoire sait, que du choc des controverses religieuses qui agitèrent tant d'esprits en Allemagne, il y a deux siècles, et qui firent couler des flots d'encre et de sang, sont nés une foule de plans de réforme oubliés aujourd'hui. Combien d'évangiles *véritables* de Jésus-Christ ont vu le jour, dont

---

(1) Il faut savoir comment les choses se passaient pour me comprendre. La Doctrine Céleste était dictée *en allemand* au Messie de Camberwell ; il traduisait chaque dictée en un français incorrect, après quoi, il livrait son travail au sieur Modeste Gruau, *spécialement chargé par l'Ange* de mettre la dernière main à l'œuvre.

la génération actuelle ne soupçonne pas l'existence ! Auquel de ces es-
sais enfantés par d'obscurs Luthers, le moderne Messie a-t-il emprunté
son œuvre ? Certes, je n'irai pas, moi qui ignore l'Allemand, explo-
rer les rayons poudreux de cinquante bibliothèques Allemandes, et
feuilleter une multitude de volumes écrits dans une langue que je ne
comprends pas, pour résoudre la question. Il me suffit de savoir que le
traducteur-copiste de la Doctrine ne voit pas plus d'anges que moi, et
qu'il est incapable d'avoir composé ce qu'il a écrit, pour conclure avec
une logique vulgaire qu'il l'a pillé quelque part.

Quoiqu'il en soit, les pages de la Doctrine Céleste sont séduisantes ;
sa morale est belle et pure ; sa réfutation des dogmes qui font la base
du catholicisme romain est infiniment adroite, et peut entraîner une
raison sévère. Si le réformateur se fût borné au plagiat de cet ouvrage,
sans y joindre d'autres plagiats ineptes comme celui de la *Création* ;
s'il se fût étudié quelque peu à conformer ses actions et son langage
aux préceptes de son évangile, il est probable que nous serions encore
les dupes de l'imposture.

Je n'ai pas l'intention d'entrer dans de longs détails pour la rendre
manifeste ; les limites étroites d'une brochure ne me le permettraient
pas. Je me bornerai à prouver, par un exposé rapide des principaux
faits, que l'homme qui ne se lasse pas de dire avec emphase : « Je
suis la vérité ! » n'a pas cessé de mentir depuis le premier jour de sa
prétendue mission divine, et qu'il est, *en vérité*, la personnification la
plus complète du mensonge.

C'est au mois de juillet 1836 qu'il est expulsé arbitrairement : l'année n'est pas finie qu'il se met à prophétiser. Il annonce à l'empereur
d'Autriche, dans une lettre imprimée à Londres et qui a eu un certain retentissement, que *le Roi des Français ne verra plus les jour-
nées de juillet.*

1837 commence. Il expédie M. J. Bte. Laprade à Rome, pour trans-
mettre les ordres et les menaces du ciel au Saint-Père. Il écrit à son
envoyé, quand celui-ci est rendu à son poste : *Dans le cas contraire*
(dans le cas de désobéissance de la part du Pape), *vous quitterez Rome
le plutôt possible, car les désastres commenceront.*

Un an après, le 17 février 1838, il lance d'autres menaces à la
ville éternelle.

Le 28 juillet de la même année, il fulmine de plus belle par la
bouche de son ange :

« D'ici à trois mois le siége de Rome sera condamné, et les impies qui en
font partie comprendront ce que c'est que de résister à la volonté du

Tout-Puissant. Il leur a été donné un an de grâce ; mais leur conscience cautérisée a rompu le contrat de Dieu . . . . Que les idolâtres romains sachent donc que parmi eux il y en a qui seront noyés deux à deux dans un sac, d'autres qu'on coupera vivans en deux, et d'autres qu'on brulera vifs, etc. »

La *Doctrine Céleste*, à peine imprimée, est saisie à Lyon au mois d'août 1839, et ses deux éditeurs, MM. de Chabron et Vidal, sont poursuivis par le ministère public. Aussitôt une révélation spéciale s'occupe de cette affaire. Il est ordonné à MM. J. Bte. Laprade et Gruau, de se rendre à Lyon, pour *soutenir l'œuvre de Dieu* et pour défendre les prévenus. L'ange affirme que les *paroles leur viendront à la bouche* devant le jury, et qu'ils n'ont pas besoin de se préparer, attendu que *le Tout-Puissant sera avec eux.* Mais le sieur Gruau, s'emparant de l'omnipotence qui lui a été conférée par une clause de l'instruction angélique, (1) interdit la parole à son collègue et aux prévenus, pour se la réserver à lui seul ; et, malgré l'assistance du Tout-Puissant, la saisie du livre est maintenue ; et ses éditeurs-responsables, dont l'avocat du ciel n'a pas dit un mot dans sa plaidoirie, s'entendent condamner à trois mois de prison.

La briéveté de cette récapitulation la rend forcément incomplète. S'il fallait tout dire, j'énumérerais les miracles dont la maison de Camberwell était le théâtre ; les voix séraphiques qui, interrompant le sommeil de l'épouse du successeur de Jésus-Christ, lui criaient dans les ténèbres : que *le fidèle Modeste était le seul ami véritable et dévoué de son époux et de sa famille.* (2) Je raconterais les ascensions nocturnes au Paradis ; la fleur cueillie dans ce séjour céleste et apportée ici-bas, à travers les espaces infinis, pour être offerte en don au sieur Gruau. (3)

---

(1) Cette instruction écrite disait : «....L'ami Modeste et l'ami Laprade se rendront le plus tôt possible sur le lieu pour soutenir l'œuvre de Dieu. *Il leur viendra ce qu'ils auront à dire* ; et, selon les circonstances, *l'ami Laprade doit obéir à l'ami Modeste comme un enfant à son père......* Dieu saura mener au triomphe....... *Tous les amis doivent considérer l'ami Modeste chacun comme son maître lui-même.* »

(2) Ce moyen a été employé par le sieur Gruau pour triompher de la répugnance qu'il inspira long-temps à la famille de *son maître :* il a été couronné d'un plein succès.

(3) Il arriva au sieur Gruau de dire publiquement : « Je voudrais bien avoir quelque production du Paradis. » — « Qui sait si votre vœu ne sera

Je n'aurais garde d'oublier les lettres au Roi et à la Reine des Français dans mon récit. Chacune d'elles était écrite par l'ordre de Dieu ; chacune devait être le dernier avertissement de la bonté divine. C'est surtout à la Reine que le prophète aimait à s'adresser. —— *Madame*, lui écrivait-il le 14 décembre 1839 , *il y a environ un mois que j'ai annoncé à votre époux que son règne*..... ET CELA EST AUSSI VRAI QU'IL EST VRAI QUE VOUS APPRENDREZ EN PEU DE TEMPS LA MORT DU PAPE. Six mois après, en juin 1840 , il cherchait à effrayer de nouveau cette princesse : il l'avertissait que des torrens de pluie allaient anéantir la récolte de l'année, et livrer la France aux horreurs de la disette , si l'on ne se hâtait pas de prévenir cette calamité en révoquant son exil.

Le 9 mai 1840 , un Conseil de douze apôtres chargés de gouverner la nouvelle église , et munis de pouvoirs spirituels et temporels à cet effet, est institué. Trois jours après leur nomination, ses membres, obéissant aux ordres d'en-haut, signent une circulaire aux ministres de toutes les sectes chrétiennes. Ils les invitent , *au nom de Jésus-Christ*, à se réunir en concile général , *n'importe en quel lieu*, pour reconnaître le conseil. Ils ordonnent au Pape de comparaître devant eux , *accompagné de douze de ses cardinaux*. Enfin , ils enjoignent à tous les prêtres, soumis au pouvoir papal, de cesser d'obéir à ce gouvernement *irréligieux et idolâtrique*, attendu que le Conseil les délie , *au nom de l'Eternel*, du serment que *les imposteurs de Rome leur ont extorqué témérairement, contre toute vérité de Dieu*.

Cette circulaire impérative , signée par les conseillers présents à Londres , au nom de leurs collègues absents, et par le *protecteur* de l'Eglise *Catholique-Evangélique* , est imprimée avec une sorte de précipitation et tirée à 4,000 exemplaires. On se dispose à les envoyer par la poste dans toutes les parties du monde chrétien. Mais—bizarrerie inexplicable—l'ange, par la volonté duquel on a agi, vient dire au dernier moment qu'il ne veut plus que son œuvre soit pu-

---

pas exaucé ? lui répondit un de ses interlocuteurs.» L'événement confirma ces paroles. Peu de jours après, le voyageur céleste, tirant une petite fleur d'un livre , la présenta à son compère en lui disant : « Mon ami, l'ange m'a donné ceci pour vous ; il sait que vous désirez quelque chose du Paradis : il y a cueilli cette fleur qui, lorsqu'il me la donna , exhalait un parfum délicieux. Je l'ai mise dans ce livre pour la conserver , et la voilà déjà toute fanée. »

bliée ; et les 4,000 exemplaires sont relégués dans une chambre et condamnés à l'oubli !

Du reste, ces contradictions étranges, ces caprices du messager de l'Eternel, se multipliaient à l'infini. Rien n'était plus ordinaire que de l'entendre contremander le lendemain ses prescriptions de la veille. Il faisait courir les amis de son protégé à droite et à gauche, souvent à des distances considérables, sans motif, sans but, sans daigner leur dire pourquoi il disposait de leurs personnes, de leur bourse et de leur temps. (1) L'interrogeait-on pour le savoir? il déployait tout le talent d'Escobar à ne pas répondre ; mais les interrogations n'étaient pas toujours permises.

Un incident qui donna lieu à de longs débats, mit dans tout son jour le caractère irascible de cet habitant des régions éthérées.

Un petit article visant à l'insulte, et dirigé contre la *Voix d'un Proscrit*, quoique le journaliste ne l'eût pas nommée, parut dans le *Capitole* du 29 mars 1840. Je répondis de suite à cette attaque dans ma 13ᵐᵉ livraison ; je le fis avec l'énergie et la dignité convenables. L'agresseur anonyme ne répliqua pas. Cette courte polémique paraissait donc terminée à l'honneur de la cause que je défendais. Mais voilà qu'une lettre volumineuse m'arrive de Londres un matin : je brise le cachet, et je trouve une longue réfutation de l'article du 29 mars, adressée au gérant du *Capitole*, et conçue en termes d'une grossièreté et d'une extravagance inouies.

Le sieur Gruau, auteur de la missive, *m'ordonne* de la part du Duc de Normandie, de signer ce factum, de le colporter à Paris et à Versailles, pour y recueillir les signatures de nos amis ; après quoi, je me rendrai au bureau du journal Napoléonien, escorté de MM. de St.-Didier, Xavier-Laprade, et de tous ceux qui voudront nous suivre, pour sommer le gérant d'insérer la réfutation. Il nous est commandé de le poursuivre judiciairement, et bien vîte, en cas de refus. Mon correspondant, habile à deviner les obstacles et à les aplanir, me prévient que *toute modification à son œuvre m'est interdite*, et que je

----

(1) M. et Mᵐᵉ de la Ferrière avaient quitté Versailles, lieu de leur domicile, en 1839 ; ils s'étaient expatriés pour habiter Camberwell, avec l'autorisation du ciel. Au bout de trois mois, l'ange leur fait repasser la Manche, et les renvoie au chef-lieu du département de Seine-et-Oise, où il affirme que M. de la Ferrière aura une grande mission à remplir pendant la future terreur.—M. de la Ferrière est mort il y a huit mois.

dois exécuter, sans aucun retard, les ordres qu'il me transmet, parce que *le Prince ne veut pas d'observations.*

Il y avait une première réponse à faire à cette injonction insensée : c'était de jeter au feu le contenu de la missive ; je n'y manquai pas. Ensuite, je pris la plume pour rappeler au conseiller intime du proscrit, que ses défenseurs, en se dévouant au soutien de sa cause, n'avaient entendu abdiquer ni leur dignité ni leur raison.

La colère fut grande à Camberwell : on jeta feux et flammes contre les amis de France et surtout contre moi. Le futur ministre, indigné, vociféra que nous étions des félons, et nous déclara indignes de servir l'Orphelin du Temple, *tant pour le présent que dans l'avenir.* Quelques semaines s'écoulèrent et nous commencions à oublier cette bourrasque, lorsque l'ange intervint pour raviver des divisions éteintes.

Je le laisse parler lui-même.

Londres, le 14 mai 1840.

L'ange de l'Éternel m'a dit entre autres choses aujourd'hui :

« Je t'avais suggéré le *ton sévère* dans lequel tu as répondu à l'article mensonger que tes ennemis ont fait insérer dans la *feuille des errans* qu'on nomme le *Capitole ;* mais ce n'était pas pour te justifier devant des hommes QUI NE PEUVENT POINT S'ÉLEVER JUSQU'A TOI : c'était pour te faire voir à toi même ce que c'est que la sagesse d'un conseil. Arrogance, égoïsme, partialité, faiblesse et amour-propre, y ont toujours la présidence ; et voilà pourquoi le véritable bonheur quelconque ne peut point venir de plusieurs. Il faut un seul chef pour un royaume, comme il faut un seul Dieu pour tous. Ce seul chef doit avoir des conseillers, non pas pour obéir à leurs opinions, mais pour fortifier son jugement, car les conseillers d'un chef ne sont rien de plus que ses yeux qui voient ; *quant à lui, il jugera........*

» . . . . Sois plus sage dans l'avenir ; car si tu avais eu assez de caractère et de confiance en toi-même, tu aurais dû envoyer, au moment même où l'ignorance s'est mêlée de ce que je t'avais dit, *un de tes plus dévoués* pour faire exécuter ce que *tu avais ordonné* . . . . Ton triomphe aurait été infaillible.

« Maintenant tu attendras encore un an et plus, afin que tes amis apprennent à obéir, et pour que toi-même tu deviennes plus sage. A présent exécute ce que je t'ai dit, *et n'écoute plus personne.* QUICONQUE TE REFUSERA L'OBÉISSANCE EST UN ENNEMI ! . . . . . »

La signification de ce verbiage arrogant n'était pas équivoque ; le serviteur fidèle si intelligiblement désigné se mit en route pour Paris : il porta plainte en diffamation contre le *Capitole.* Après d'interminables renvois, la cause fut appelée devant la sixième chambre du tribunal de police correctionnelle, où les débats eurent lieu, à huis-clos pour la presse, aux termes des lois de septembre. Le tribunal débouta le plaignant de sa demande, comme chacun s'y attendait; l'affaire n'eut pas la moindre retentissement; et le résultat le plus clair du procès fut d'ouvrir la porte à de sales dilapidations.

Je passe les longues révélations des 18 et 28 août, dont les phrases entortillées ressemblent à autant de logogriphes, et dont la lecture est on ne peut plus fatigante. L'ange y continue ses leçons d'orgueil, de despotisme, de politique astucieuse, et de logique à la mode d'Escobar. Il enseigne, entre autres maximes, que les fausses prophéties sont permises, qu'elles sont *bonnes*, pourvu que l'intention les sanctifie. (1)

Je me hâte d'arriver au dénouement de cette jonglerie impie. Je m'étais rendu à Camberwell vers le milieu de décembre : j'y trouvai MM. Roydor et J.-Bte. Laprade occupés à mettre au net l'*Histoire de la Création*, dont le manuscrit leur était livré page par page. Je me joignis à eux pour en faire l'examen, et bientôt une même pensée s'empara de nous : c'est que la *Création* n'était qu'un extravagant mensonge. Le faux-révélateur lut sans doute notre conviction dans notre attitude triste et silencieuse ; car, à mesure que notre incrédulité croissait, il paraissait en proie à une colère concentrée et à une sorte de vertige. Un jour (le 14 janvier), il s'abandonna sans motifs à un tel accès de fureur, en présence de sa famille et de nous tous, que les éclats de sa voix faisaient trembler la maison.

Alors, nous résolûmes de tenter un effort, pour arracher ce malheureux à une œuvre d'imposture devenue si manifeste et si nuisible à sa cause. Nous le fîmes avec ces ménagemens délicats que les vrais amis seuls connaissent, et dont ils savent user envers l'ami coupable auquel

---

(1) On s'étonnerait à bon droit que des leçons si absurdes et si immorales, faites au nom du ciel, ne nous aient pas ouvert les yeux plus promptement, si je n'en expliquais la cause. Nous haussions les épaules à la lecture des *révélations* semblables à celles du 44 mai, des 18 et 28 août ; mais la *Doctrine Céleste* qui était venue la première, et qui fut long-temps seule, nous avait tellement séduits, que nous la crûmes révélée presque jusqu'au dernier moment. Nous regardions comme probable un mélange de vérité et de mensonge ; comme si cet alliage monstrueux pouvait exister chez l'homme réellement chargé d'une mission divine !

ils veulent épargner la honte et sauver l'honneur ; nous lui écrivîmes
ce qu'on va lire. (1)

Camberwell, le lundi 18 *janvier* 1841.

« Prince ,

«L'histoire de la *Création*, qui devait, d'après vos propres paroles ,
dissiper tous nos doutes et faire briller à nos yeux sans aucun nuage la
vérité de Dieu; cette histoire est venue au contraire compléter notre incrédulité, et nous enlever même l'espérance d'obtenir aucune explication
satisfaisante pour la raison. Telles sont depuis quelques semaines nos
dispositions d'esprit; et si nous ne vous avons pas ouvert plus tôt notre
cœur sur ce triste sujet, c'est que, pour parler avec plus d'assurance, pour
être plus forts même à vous rendre service, en faisant tomber vos illusions,
nous attendions de posséder l'ensemble de ce système. Mais ce qui s'est
passé jeudi dernier dans cette maison ; les paroles étranges qui vous sont
échappées ; les demi-communications que vous nous avez faites, toutes ces
circonstances viennent changer notre plan d'attente; et nous créant une
position nouvelle vis-à-vis de vous, nous imposent de graves devoirs que
nous aurons le courage d'accomplir jusqu'au bout. D'ailleurs, c'est le plus
vif intérêt pour vos malheurs , pour la position de votre infortunée famille, qui nous guidera dans tout ce que nous ferons, et qui nous inspire
de vous dire aujourd'hui , Prince, les vérités que par prudence et sagesse
nous voulions vous taire encore pendant quelque temps.

» Si nous avons bien compris le sens de vos demi-confidences, vous seriez menacé d'être abandonné par ceux qui vous soutiennent actuellement,
à moins que vous n'abandonniez vous-même votre *Doctrine.* Oh ! certes,
nous serions les premiers à vous dire de mépriser de pareilles menaces ,

---

(1) Comme les dates ont une valeur significative, je crois devoir donner
en note les lignes ci-dessous que M. J.-Bte. Laprade écrivit à M. Charles
de Cosson, le soir du 14 janvier. Leur date et leur contenu répondraient
suffisamment aux ineptes calomnies des deux ou trois polissons dont je
parle dans mou préambule, si ces calomnies méritaient une réponse sé-
rieuse.

« Mon cher ami,—Le prince est à la maison; il y a eu ce soir une explication dont nous voulons vous donner connaissance. D'après la position
nouvelle que les circonstances semblent faire au prince , nous jugeons ensemble ici, que ce serait le cas de lui écrire avec autant d'affection que de
franchise, pour lui exposer les motifs de notre incrédulité. Venez nous
voir le plus tôt que vous pourrez, et préparez vos affaires pour nous
donner le plus de temps possible.»

qui seraient bien puériles , sans doute, pour l'homme qu'un ange du ciel visiterait véritablement, et qui serait certain qu'il est chargé de l'œuvre de Dieu. Mais , telle n'est pas votre position ; et, avant que nous vous le démontrions , comme c'est une vérité que vous aurez autant de peine à entendre que nous en avons à vous la dire , laissez-nous vous rappeler qu'ici ce sont des voix d'amis, qui , oubliant l'affreuse position que vous leur avez faite, et les circonstances qui les ont entraînés dans vos erreurs, vous adressent les paroles charitables de leur cœur , pour vous arrêter sur le bord de l'abîme où votre illusion prolongée vous précipiterait sans retour , ainsi que votre malheureuse famille. Ayez donc confiance en nos paroles, car nos intentions sont aussi pures que notre dévoûment fut sincère. Si nous avons un reproche à nous faire, c'est celui d'avoir trop aveuglement exécuté des ordres qui répugnaient à notre raison; des amis moins confians et plus fermes vous eussent peut-être évité bien des malheurs.

» Nous ne savons pas quelle est la source naturelle ou surnaturelle où vous avez puisé votre système ; mais nous n'avons pas besoin de la connaître pour vous affirmer qu'il est faux, et que, par conséquent, il ne vient pas de Dieu. Une révélation véritable et divine pourrait-elle, en effet, contenir dans son ensemble des contradictions nombreuses, des monstruosités indignes de Dieu, des erreurs et des preuves d'ignorance ? Votre raison elle-même vous dit que non; or , tels sont pourtant les caractères de l'ouvrage que vous nous donnez pour venir d'un ange du ciel.

» Dans les bonnes intentions que vous avez, dans l'illusion que vous vous faites peut-être, comme tant d'autres hommes honnêtes qui ont cru faussement voir des anges du ciel, ces caractères de fausseté ont échappé à votre observation ; mais il nous suffira de les signaler à votre raison pour vous les faire comprendre ; et vous serez le premier à rejeter un système que vous aurez reconnu être une œuvre de mensonge. Tout votre avenir peut dépendre de la détermination que vous allez prendre en cette circonstance ; car Dieu ne bénira le fils de Louis XVI qu'autant qu'il suivra le chemin de la justice et de la vérité. Nous savons tous que Martin vous a annoncé que vous seriez sujet à l'illusion, et que l'esprit du mal chercherait à vous perdre. Si un ange de Satan vous avait en effet dicté cet ouvrage, qui est très remarquable sous bien des rapports, et où se trouvent des vérités admirables, bénissez avec nous la providence divine d'avoir permis , sans doute en faveur de votre bonne foi et de la nôtre, que des fautes grossières y aient été mêlées comme pour frapper les yeux de notre intelligence, et nous faire soupçonner que, même sous les principes les plus séduisans et la morale la plus belle , il peut y avoir quelque erreur fondamentale, quelque poison caché. Quel autre en effet que l'esprit d'orgueil pourrait avoir dicté ces mots de la révélation du 14 mai: *Les autres hommes ne peuvent pas s'élever jusqu'à toi* ? Et n'êtes vous pas encore

sous cette même influence, quand vous vous laissez emporter à des dé-
clamations furibondes, et que vous traitez les autres hommes avec des
paroles qui ne peuvent être inspirées que par un orgueil insensé? Quel
pernicieux enseignement vous donnez par là à votre famille! Sont-ce là
les fruits de cette *Doctrine* qui devait, disait-on, régénérer le monde et
rappeler à tous les hommes qu'ils sont fières !!!

» Oui, Prince, vous êtes le jouet d'une déplorable illusion, et peut-être,
d'une puissance surnaturelle et malfaisante qui vous guide à votre insu,
et souvent vous domine tout entier. C'est cette pensée qui nous porte à
vous excuser quand nous avons la douleur de vous entendre, vous, le fils
du roi-martyr dont les dernières paroles furent des paroles de pardon,
nier cette providence qui vous sauva tant de fois, et vous répandre en
cris de haîne et de vengeance contre les Français.

» Bientôt, peut-être, il sera de notre devoir de dire notre pensée tout
haut à nos amis et à nos concitoyens, et de la publier par la voie de la
presse. Ceux que notre conviction a entraînés ont le droit de nous demander compte de leur ancienne foi détruite. Nous sommes responsables
envers eux : nous ne reculerons pas devant les conséquences de cette res-
ponsabilité. Si nous les entraînâmes dans l'erreur, s'ils ont cru à un ange
de lumière et à une révélation divine, sur notre parole, il faut qu'ils sachent qu'un sentiment de droiture et de probité chrétienne a été le mobile de toute notre conduite, a seul inspiré nos écrits et nos actes. Nous
n'avons pas à rougir des sentimens qui nous ont guidés; et nous ne crain-
drons pas plus d'avouer nos erreurs que nous ne craignions naguère de
proclamer nos croyances, malgré le ridicule qui devait les accueillir.

» Nos amis de France nous pressent avec anxiété de les éclairer sur la
réalité de votre mission religieuse. Nous avons attendu de pouvoir vous
donner cette explication sincère avant de leur répondre. Mais si, malgré
l'évidence, malgré la raison, malgré les prières que nous vous adressons
avec larmes, vous persistiez à soutenir cette prétendue révélation, . .
. . . .

» Tels sont, Prince, les sentimens et les résolutions de ceux qui, obligés
par honneur et par conscience de combattre vos erreurs, n'en restent pas
moins vos plus véritables amis.

Suivent cinq signatures.

» P. S. Nous vous signalons dans la pièce ci-jointe quelques-unes des
contradictions, des erreurs, des absurdités et des faussetés palpables qui
nous ont frappés. Nous vous avons parlé avec une franchise douloureuse;
mais, au point où notre foi est descendue, nous ne devions plus vous la
taire. Garder encore le silence eût été plus qu'une faiblesse de notre
part : c'eût été une trahison envers vous. Nous aimons à croire que vous

comprendiez combien il nous a fallu de dévoûment pur et vrai pour vous écrire les vérités que cette lettre contient. Mais s'il en était autrement, l'estime des honnêtes gens et la conscience d'un grand devoir accompli suffiraient pour nous consoler. »

La pièce annexée au *post-scriptum* de la lettre et qui en contient la justification logique, serait sans intérêt pour le lecteur.

Ici je m'arrête un instant, pour répondre à une question qu'on nous a adressée depuis notre déclaration du 16 février, et que plus d'une personne doit se faire en me lisant. — Pourquoi l'un des deux prêtres qui furent entraînés dans cette fourberie, n'a-t-il pas imité la noble conduite de son confrère ? (1) Pourquoi l'ancien curé de St.-Arnoult paraît-il persister à jouer un rôle sacrilège ? Pourquoi est-il encore à Camberwell ?—Hélas ! demandez-le à la faiblesse craintive, à l'isolement d'un sexagénaire paralytique qui ne possède rien au monde, qui n'a ni parens ni amis pour le recueillir, et qui est placé sous le coup de l'anathème du clergé catholique. L'homme qui l'arracha au sacerdoce lui a imposé le sacrifice de son faible avoir et le tient sous sa dépendance. N'accusez pas cet infortuné ; plaignez-le, au contraire, car il est bien à plaindre. Il mesure chaque jour la profondeur de l'abîme où il est tombé sans pouvoir en sortir ; et peut-être qu'il ne l'oserait pas, s'il le pouvait! Nous l'avons vu devant nous, ce pauvre vieillard, dans une circonstance qui ne s'effacera jamais de ma mémoire. C'était le matin du 18 janvier ; nous l'avions appelé pour lui lire notre lettre : il tremblait pendant cette lecture. Nous l'interrogeâmes sur l'état de sa foi ; nous lui demandâmes si elle était toujours ferme : sa contenance faisait mal à voir ; il nous suppliait de lui épargner nos interrogations ; il baissait la tête et pleurait!—Ne craignez pas, M. Appert, que je veuille vous accabler dans ces pages: ce serait une lâcheté et mes amis me désavoueraient. Nous savons tous que vous n'êtes pas un coupable mais une victime ; nous n'ïgnorons ni les tourmens de votre âme, ni vos insomnies, ni vos larmes, ni vos désespoirs secrets. Pourrions-nous ne pas compâtir à une aussi horrible position? Que Dieu vous pardonne votre participation forcée à cette imposture, et l'influence funeste que votre exemple a exercée sur nous, comme nous vous les pardonnons nous-mêmes du plus profond de notre cœur !

---

(1) M. J. B^{te}. Laprade vient de rentrer dans le sein du clergé catholique. Il est actuellement en retraite dans un monastère de la Trappe.

Les fruits de notre lettre ne se firent pas attendre : il ne s'était pas écoulé trois fois vingt-quatre heures après sa remise, que la maison de Camberwell Green était le théâtre d'une scène impossible à décrire. Le plus doux, le plus inoffensif des amis du proscrit ; celui qui, depuis cinq ans, lui a donné tant de preuves d'un dévouement porté jusqu'à l'abnégation la plus complète ; celui qui courut le premier sur une terre étrangère , tendre sa main généreuse à une femme et à des enfans qui allaient manquer de pain ; celui qui sacrifia sans hésiter la dernière obole de son patrimoine , pour préserver la famille de cet ingrat des horreurs du besoin , M. J. Bte. Laprade se voyait poursuivi l'injure à la bouche, et outragé d'une manière aussi odieuse que lâche, par ce restaurateur de l'évangile de Jésus-Christ, qui, sans notre intervention énergique, se fût porté à d'indignes violences contre sa personne ! Et le jour où cet homme se couvrit de cet opprobre, était le même où , quarante-huit ans auparavant, le roi vertueux dont il revendique le nom, poussé par la tourmente révolutionnaire jusque sur l'échafaud , livrait sa tête innocente à la hache en priant Dieu pour ses bourreaux ; CE JOUR ETAIT LE 21 JANVIER !

M. J. Bte. Laprade quitta la maison immédiatement, et nous le suivîmes de près. La providence voulut que nos soupçons sur la sainte retraite du jongleur fussent pleinement justifiés vers la même époque : elle souleva pour nous le voile sous lequel ce Tartufe sait si bien cacher ses désordres ; et cette découverte , en nous initiant à la profondeur de son immoralité, nous imposa de nouveaux devoirs.

IMPROBITÉ ET IMMORALITÉ DU FAUX RÉVÉLATEUR.

Je ne reproche pas à celui que je traduis devant l'opinion , d'avoir provoqué et reçu les dons pécuniaires de ceux qui saluèrent le fils du Roi-martyr dans sa personne ; son identité, reconnue par eux, lui donnait le droit de les réclamer pour soutenir son existence , celle de sa femme et de ses enfans ; s'il se fût borné-là, qui aurait la pensée de lui en faire un grief ? Ce dont je l'accuse, c'est d'avoir outre-passé cette limite d'une manière indécente et coupable. Je l'accuse d'avoir mis tout en œuvre : ruses, mensonges, feinte misère, intervention des anges et de la providence (1) , fausses prophéties , caresses perfides , menaces sacrilèges, improbité, pour dépouiller ses amis de leur avoir. Je l'accuse d'avoir imposé à plusieurs d'entre eux, sans nécessité , une expatriation qui était la ruine de leur position sociale , pour travailler plus facilement à les mettre dans sa dépendance, et pour les rendre, bon gré mal gré, les instrumens de son imposture religieuse, en les rivant à sa personne par le besoin. Je l'accuse de s'être montré sans égards et ingrat envers eux , quand ils ne pouvaient plus rien lui donner ; comme il s'est montré tel envers la noble famille Roydor, qui avait tout quitté sur sa demande pour partager son exil. Je lui reproche d'avoir essayé d'extorquer à cette famille les débris de sa fortune, et cela au nom du ciel , à une époque où les secours d'argent lui arrivaient de toutes parts et où l'on peut dire qu'il en regorgeait.(2)

---

(1) Le fait suivant donnera une idée de l'usage que le héros de cette brochure sait faire de la providence. Un médecin de Lyon, le sieur Dussurgey, persuadé que sa ville allait subir le joug d'une seconde terreur, avait offert d'émigrer à Camberwell , avec sa famille composée de cinq personnes , au commencement de 1840 ; il s'engageait à apporter au moins 25,000 francs à son hôte qui accepta la proposition.—Voilà notre docteur qui fait ses préparatifs : il négocie la résiliation du bail de son appartement et la vente de son mobilier; il achète une douzaine de malles. Des lettres de Londres stimulent son ardeur fugitive , on lui écrit : «Venez vite, hâtez-vous! car. . . . .» Notre homme , croyant déjà voir la guillotine en permanence sur la place des Terreaux , qu'il habite, se presse de plus belle. Qu'arrive-t-il ? Le docteur qui paraît beaucoup moins fort en arithmétique qu'en médecine, a très-mal fait ses calculs : il s'aperçoit au dernier moment qu'il ne pourra réaliser que le cinquième de ce qu'il a promis. Il l'écrit, sans toutefois rallentir les apprêts de son départ. Mais cette différence des quatre cinquièmes ne faisait pas le compte du Messie d'Outre-Manche ; et l'Esculape malencontreux, presque à la veille de monter en diligence, est cloué sur le pavé de Lyon par ces lignes: « Mon cher Dussurgey , que le bon Dieu vous assiste! si vous ne pouvez pas réaliser 25,000 francs, c'est un signe que la providence ne veut pas que vous quittiez Lyon. » Le sieur Modeste Gruau ajoutait de sa main : «Ce n'est pas pour l'urgence du besoin que le chiffre de 25,000 francs est fixé : *c'est une manifestation de la providence !* »

(2) M. Roydor avait apporté une somme considérable à Camberwell; il l'avait donnée toute entière, ne se réservant que 80 livres sterling environ, pour ses besoins personnels et pour ceux de sa famille. Il ne s'était pas

J'accuse cet ami déloyal de s'être servi des secrets qu'il a pu surprendre , tantôt pour faire parler son ange , tantôt pour *faire de l'argent* à tout prix ,—même au prix de l'honneur d'un père qui était venu verser ses douleurs dans le sein de ce perfide ! (1)— Je l'accuse d'avoir abusé, avec une basse indélicatesse, de la confiance d'un autre père , vieillard vénérable , et du dévouement de sa fille, en tenant à cette jeune personne, à l'insu de ses parents et loin d'eux, un langage qu'eux seuls ont le droit de lui tenir ; et en lui offrant sans

---

écoulé huit jours depuis son arrivée , que déjà le patron du logis l'obsédait, pour le forcer de vendre ou d'hypothéquer quelques bois qu'il possède et qui sont sa dernière ressource ; et comme il s'y refusait, il lui fut reproché avec aigreur de *n'avoir pas la foi* ! Le révélateur se vengea de ce refus par une foule de procédés ignobles. Une fois, il offrit à M. Roydor qui ne sait pas l'anglais, de lui rendre le service de toucher pour lui, dans ses courses, le montant d'un billet de 60 livres sterling payable chez un banquier de Londres. Le billet lui fut livré, sans défiance : mais, après avoir reçu les 60 livres , il n'en rapporta que 20 à leur propriétaire ; il mit les 40 autres dans sa poche sous le titre d'emprunt, et il eut grand soin de ne jamais les rendre. Tous les moyens sont bons à ce corsaire pour battre monnaie. Je pourrais raconter , entre autres histoires sales , celle d'un habitant de Versailles, de M. P....., qu'il enferma à double tour dans son cabinet, et auquel il extorqua à l'aide d'un appareil de terreur , et avec le secours de son digne acolyte Gruau , 6,000 francs que M. P..... niait leur avoir promis et qu'il ne voulait pas leur donner.—Des pistolets étaient posés sur la table pendant la conférence.

(1) Un père de famille torturé par des peines domestiques , un ami de Camberwell, M. To....., plein de vénération pour un personnage qu'il croit en communication avec le ciel , va le trouver , et lui fait la confidence de ses chagrins. Son fils unique aime éperdûment une femme entretenue , qu'il veut épouser dès qu'il aura atteint sa majorité. Ses parens sont dans la consternation. Que fait le successeur de Jésus-Christ ? Il prend le jeune homme en particulier, à la première occasion ; il lui déclare d'un ton sévère qu'il est instruit de tout, que son ange lui a tout dit. Ensuite, profitant de la stupeur du pauvre garçon et de son caractère timide, il se fait conduire d'autorité chez sa maîtresse ; il se fait introduire auprès d'elle comme l'oncle de son amant. Là, il déclare à cette femme qu'il facilitera le mariage projeté ; mais il y met des conditions. Il stipule un pot de vin et une rente pour M. To..... père ; enfin, il stipule pour lui-même. . . . . . Tout cela est si infâme que je n'ai pas le courage d'achever.

pudeur une alliance indigne d'elle , dans l'intérêt d'une sale politique. (1)—Enfin, j'accuse ce faux Messie d'avoir dérobé aux siens, depuis plus de deux ans, et de leur dérober encore au moment où j'écris, la moitié des ressources qui leur sont destinées , pour les faire servir à alimenter une inconduite et des vices secrets.

Un moraliste dont le nom m'échappe a dit : « Plus le vice est honteux et plus le vicieux cherche à le cacher ; le vice se trahit, il se laisse voir ; il éclate dans le regard , dans l'allure , dans les discours, dans les actions. »—L'éloquent Rousseau exprimait la même pensée en ces termes :—« Le vice a beau se cacher dans l'obscurité, son empreinte est sur les fronts coupables. »—Oui , son empeinte est sur votre front , imposteur dissolu ! qui voudriez cumuler avec ses bénéfices , les honneurs d'une vertu sans tache ! Oui, il se trahit dans la dissimulation inquiète de votre sourire ; il se lit dans vos yeux cyniques ; et, malgré l'hypocrisie habituelle de vos discours , combien de fois ne s'est-il pas montré à nu dans la frénésie de vos emportemens ? Oh ! qu'un observateur plus expérimenté que ceux qui vous entourèrent l'eût deviné depuis long-temps ! Je ne franchirai pas dans ces lignes les bornes qui sont imposées à l'écrivain qui se respecte :

> Le Latin dans les mots brave l'honnêteté ;
> Mais le lecteur Français veut être respecté.

Je n'épierai donc pas vos courses furtives à travers l'immense dédale des rues de Londres , pour porter le flambeau sur quelques-unes des heures les plus honteuses de votre existence (2) ; j'aime mieux l'éclai-

---

(1) Mademoiselle J. de C. s'était dévouée à l'éducation des jeunes enfans du Messie : elle consacrait ses talens et son zèle à cette tâche ; elle y usait sa frêle santé. M. le chevalier de C., qui n'a pas d'autre fille, avait permis qu'elle habitât la maison de Camberwell Green à cet effet. Un jour , le père de ses élèves la prend en particulier dans son cabinet ; et, sans égard pour l'éducation distinguée et pour la noblesse de sentimens de cette jeune personne , il lui offre pour mari. . . . qui ? Non seulement un personnage sans moyens d'existence, mais un pilier de tavernes et de mauvais lieux ; un homme qui, au su de toutes ses connaissances et de son propre aveu , vit publiquement avec une prostituée ! —— Mademoiselle J. de C. eut la prudente réserve de taire ce fait à ses parens pendant trois mois ; ils n'en furent instruits qu'après le 21 janvier.

(2) Je passe également sous silence l'histoire d'une jeune servante de 17 ans, que le vertueux prophète chassa de chez lui, après avoir eu la lâcheté de la frapper, pour la punir de n'avoir pas voulu se laisser corrompre.

rer tout-entière d'un jour soudain, afin de dessiller les yeux des aveugles, et de porter un coup mortel au mensonge le plus audacieusement impie qu'un homme ait jamais jeté à la face de ses semblables.

Habitans de Camberwell, vous vous rappelez ce personnage équivoque, cette femme qui vécut au milieu de vous pendant une année, sans être ni servante, ni égale, ni amie ; sans que personne pût dire ce qu'elle faisait-là , ni pourquoi elle y était ? Aucun de vous n'a oublié Miss Elizabeth S... ? Vous n'ignorez pas quelle répugnance elle inspirait à l'épouse et aux enfans du maître du logis , malgré ses efforts pour se concilier leurs bonnes grâces ? Cette antipathie instinctive ne les trompait pas ; car des relations adultères existaient , presque sous leurs yeux , entre cette femme et son *protecteur* (1). Miss Elisabeth disparut vers la fin du mois de septembre 1839 ; et, à dater de cette époque, le voile du silence couvrit sa destinée. Voulez-vous savoir ce qu'elle est devenue, et connaître, en même temps, l'asyle inaccessible aux profanes et ignoré d'eux, où *la sainte volonté du Tout-Puissant s'exécute religieusement* depuis quatorze mois ?

, Suivez-moi dans cette partie du haut Kent Road qui s'éloigne le plus de la ville, et où les habitations commencent à être clair-semées. Nous y voilà ! Apercevez-vous , sur l'un des côtés de la grande route, vis-à-vis le mur d'un parc qui en borde l'autre côté, une petite maison mystérieuse dont les fenêtres ne s'ouvrent presque jamais ? Eh bien ! c'est-là que vous retrouverez , entourés de leur jeune famille et vivant ensemble sous un nom d'emprunt, la fugitive de 1839 et le révélateur d'évangiles que vous croyez , sur sa parole, en conférence journalière avec un ange.—Vous demanderez M. et Mme de Vallancey. (2)

---

(1) Malheur à ceux qui commettront l'adultère; car leur jugement sera terrible ! C'est pourquoi notre Seigneur Jésus-Christ lui-même a dit : Gardez-vous bien de commettre un tel péché ; car moi je vous dis que quiconque regarde une femme avec des yeux de concupiscence, est tout prêt à commettre l'adultère. »   *Doctrine Céleste*, page 266.

(2) L'homme-aux-anges et Miss Elisabeth demeurent ensemble , depuis le mois de mars 1840 , n° 3 , Park Place , Old Kent Road, près de New Cross. La maison qu'ils habitent leur est louée par un marchand de fromage et d'œufs, leur voisin, nommé Trowell, qui demeure au n° 1. Ils passent pour mari et femme , sous le nom de M. et Mme de Vallancey. Ils ont deux enfans en bas âge , une nourrice et plusieurs servantes. Leur maison , la dernière des trois qui forment le groupe de Park Place , est

UN TOUT PETIT ÉCRIT ANONYME.—LE SIEUR DUSSURGEY.

Une circulaire lithographiée publiée à Lyon, en date du 4 mars , et aussi platement écrite qu'il est possible, essaie de répondre à notre déclaration du 16 février.

En voici le texte :

UN MOT SUR UNE DÉCLARATION DE

MM. A. GOZZOLI, rédacteur-gerant de la *Voix d'un Proscrit* ; le chevalier Alex. DE COSSON , Ch. DE COSSON , J.-Ble. LAPRADE, HUGON ROYDOR, Xavier LAPRADE , H. CHABRON DE JUSSAC.

« A peine la chambre du conseil vient-elle de réduire au néant la plainte en escroquerie formée depuis trois ans par M. Zangiacomi contre le sieur Naündorff , se prétendant le fils de Louis XVI ; à peine la parole éloquente de M. Jules Favre , plaidant devant la sixième chambre de la police correctionnelle , a-t-elle fait justice des injures grossières de Morin de Guerivière, que nous voyons surgir contre le malheureux proscrit un pamphlet d'une nouvelle espèce , intitulé : *Déclaration relative au personnage se prétendant duc de Normandie, fils de Louis XVI, résidant à Londres.* Comme s'il était dans sa destinée d'essuyer tous les genres de persécution.

» Cette fois-ci ce sont d'anciens amis , des admirateurs enthousiastes du duc de Normandie, vivant depuis nombre d'années dans son intimité, des apôtres avoués de sa nouvelle doctrine religieuse, qui, lassés sans doute

---

meublée comme un petit palais. Ils passent pour très-riches dans le voisinage , parce qu'ils dépensent l'argent avec profusion , et qu'ils paient tout généreusement et comptant. Ils ne se refusent aucune des sensualités de la vie. Il leur arriva de manquer de cuisinière au milieu de 1840 : ils s'adressèrent à un bureau de placemens qui leur en envoya une. Mais, sur la déclaration de cette fille : qu'elle ne savait pas faire *les petits plats à la française* , ils ne voulurent pas la garder. La lettre adressée à ce bureau , et qui contient la demande, est datée du 13 juin 1840 , écrite de la main de Miss Elisabeth, et signée : Mistress Vallancey.—La maison de M. de Vallancey a un jardin au fond duquel une petite porte a été récemment percée : cette porte s'ouvre sur un sentier qui conduit à un chemin de traverse. C'est par là que le saint hermite a l'habitude d'entrer chez lui et d'en sortir.

d'attendre les hautes destinées qu'ils s'étaient promises, et tout-à-fait à bout d'un dévouement qui ne fut sans doute jamais désintéressé, viennent déclarer au public que tout ce qu'ils ont écrit, imprimé et raconté depuis 1836 sur le compte de ce personnage, tous les miracles dont ils ont été témoins, les deux assassinats dont ils se sont faits les garans, tout cela n'est que mensonge et imposture. La conscience et la probité de ces Messieurs, qui se sont réveillées subitement depuis que l'année 1840 s'est accomplie sans révolution, leur font aujourd'hui un devoir impérieux de venir à résipiscence et d'avouer, un peu tard il est vrai, leur étrange illusion.

» Cette pitoyable palinodie, triste résultat d'un désappointement mal dissimulé ou d'une infâme trahison, ne peut nuire qu'à ses auteurs. A qui persuaderont-ils en effet, qu'ils ont été dupes pendant quatre ans ? qu'ils ont été abusés sur tous les faits qu'ils essaient de démentir? que l'homme qu'ils ont tant loué, tant admiré, dont ils ont fait un modèle de vertus, n'est plus aujourd'hui qu'un menteur effronté et un vil imposteur?

» Nous le disons avec chagrin, quand on a lu cette singulière déclaration, où la haine le dispute à la mauvaise foi, on se demande avec étonnement si les signatures sont bien réelles! et, sans aucun doute, beaucoup de personnes se croiront autorisées à penser que ces Messieurs, lassés d'attendre, ont changé de camp et se sont mis à la solde d'un autre parti. Nous en appelons au jugement de ceux qui ont eu l'avantage de lire le journal intitulé la *Voix d'un Proscrit*, si remarquable par sa rédaction, et quelques autres publications dans le même esprit, entr'autres une lettre déjà citée par M. J. B^te. Laprade, une lettre de M. Hugon-Roydor, intitulée : *Schylo aux membres de l'union Phalanstérienne*, 1er septembre 1839; enfin, une lettre intéressante par M. Xavier Laprade, intitulée : *A nos amis de France*, 1836. Mais nous sommes forcés de le déclarer, quand on met en regard ces différens écrits avec cette nouvelle production, on ne sait vraiment pas ce qu'on ressent le plus vivement, ou de l'indignation ou du mépris.

» Nous n'ajouterons rien à ces réflexions ; le temps éclaircira ce nouveau mystère, et l'opinion publique en fera justice. »

L'auteur anonyme de ce factum qu'une modestie exgérée a seule empêché de signer son œuvre, je le présume, n'est autre que le médecin de Lyon dont il a été fait mention dans une note: c'est le sieur Dussurgey.

Il faut avoir été à même de juger le sieur Dussurgey comme je l'ai été, il faut avoir sondé la profondeur de son astuce et pris la mesure de son improbité morale comme je l'ai fait, pour estimer la pièce ci-dessus à sa valeur.

Mais, lorsque l'on joint à cette expérience-là une connaissance persennelle de chacun des signataires de la déclaration attaquée ; lorsque l'on compare leurs caractères et leurs actes avec ceux de leur agresseur , on reste confondu de l'audace de cet homme.

Eh quoi ! Monsieur , vous dont le nom n'est prononcé par les Lyonnais, qu'escorté de l'épithète de *sauteur*, s'ils veulent parler de vous en termes indulgents, vous vous aventurez jusqu'à prendre des airs consciencieux ! Vous avez l'imprudence d'articuler à haute-voix les mots de *conviction* et de *désintéressement* ! Il est vrai que vous vous êtes couvert la figure d'un masque avant de risquer cette hardiesse , et je conviens que vous avez sagement agi ; car si vos compatriotes eussent pu vous entendre et vous voir, il n'en est pas un seul qui n'eût ri aux éclats.

Parlons gravement et venons vîte au fait. Vous avez lu ce qui précède : eh bien ! que vous en semble ? Celui dont nous nous occupons est-il ou n'est-il pas un homme immoral ? Est-il ou n'est-il pas un imposteur religieux ? C'est à présent que je vous somme de répondre !

Je sais que cela vous est parfaitement égal : il n'y a pas trois mois que vous me l'écriviez. Vous rappellez-vous cette lettre du 1ᵉʳ Février, où vous cherchez à me prouver, à l'aide d'un galimatias jésuitico-métaphysique, que l'on peut se dire, sans mensonge, en communication avec un ange qui vous dicte un évangile , quand on ne voit pas d'ange et qu'on est l'auteur ou le plagiaire du livre qu'on attribue au ciel ? C'est un échantillon de bonne foi et de logique qui vous serait envié par plus d'un révérend père de la Compagnie de Jésus. Comment se fait-il, qu'avec d'aussi précieuses dispositions , vous n'ayez pas brigué l'avantage d'être admis dans ce corps vénérable ?

Vous fûtes instruit par moi de ce qui s'est passé à Camberwell, bien avant l'apparition de cette brochure ; vous avez connu les motifs de notre incrédulité ; vous avez pu en suivre les progrès pas à pas, et en constater la sincérité. Je vous ai initié à quelques-uns des faits immondes que nous découvrîmes, et qui nous tracèrent une ligne de conduite dont nous ne pouvions dévier sans nous couvrir de honte. Si vous étiez accessible au plus faible sentiment de pudeur , éclairé comme vous le fûtes, vous eussiez sollicité l'honneur de participer à notre déclaration loyale ; mais il n'est pas sûr qu'on vous l'eût accordé.

En réponse aux preuves que je vous ai mises sous les yeux, aux faits que je vous ai cités, vous vous êtes écrié sur tous les tons : «Qu'importe ! Qu'importe ! » et en effet, ce qui vous importe, c'est tout autre chose que la conscience ! Tenez, regardez-vous dans ce miroir qui réfléchit les préoccupations de votre âme ; relisez ces phrases que votre main a tracées :

« La destinée de cet homme s'accomplira ; il est fils légitime de Louis XVI, et à l'heure où nous sommes , il a certainement plus de chances que le Duc de Bordeaux. »

(Lettre du 30 janvier 1841.)

« Vous avez eu tort de ne pas attendre..... Le succès est peut-être plus près que vous ne pensez. »

(Lettre du 1er février 1841.)

Le succès ! voilà votre unique pensée et le mobile de vos actes ; voilà le phare sur lequel sont fixés vos yeux ! Pourvu que le succès vienne à fin de compte , vous ne vous inquiétez pas du reste : il lavera tout, il anoblira tout ! Mais, mon cher Monsieur, permettez-moi de vous faire observer que votre prudence ordinaire vous abandonne ; vous oubliez les clauses essentielles de ces prophéties sur lesquelles votre espoir se fonde ; vous oubliez que le paysan de la Beauce a dit : « *Il sera foudroyé comme Saul sur la route de Damas..... Dieu le re- tournera comme un doigt de gant , à la dernière heure ?* » Soyez donc moins abject dans votre propre intérêt ! Ne craignez-vous pas , qu'a- près cette reconnaissance d'identité dont l'attente vous fait commet- tre tant de bassesses, le Proscrit retourné comme un gant, c'est-à-dire, devenu aussi grand et aussi noble que nous le voyons dégradé , ne s'avise de répondre à vos félicitations rampantes : « Ah ! vous voilà !.. Qu'avez-vous fait pour combattre mes égaremens, et pour m'arracher au vice dont j'étais la proie ? Vous ne vous êtes pas contenté de souf- frir tacitement mes impiétés et mes désordres ; vous les avez nourris par vos adulations ; et, s'il n'eût dépendu que de vous , je serais encore le dernier des hommes..... Flatteur impur !.. sortez de ma présence ! » Si vous ne craignez pas qu'il vous tienne ce langage, moi, je le crains pour vous.

Et vous osez parler de « dévouement désintéressé » , comme si le vôtre l'était ! Qu'est-ce qu'il vous a coûté ce dévouement, à vous qui n'avez fait aucun sacrifice ! Il vous a coûté force protestations obsé- quieuses ; force épîtres serviles au faux Messie, et surtout à son futur ministre (1). J'avoue sans peine que vous êtes prodigue de cette mon-

---

(4) On ne peut rien imaginer de plus servile et de plus bassement flatteur que le style des lettres du sieur Dussurgey au sieur Gruau. Ce dernier qui n'est pas habitué à recevoir de pareilles épîtres, les colporte partout comme une curiosité, et les fait lire à tout le monde.

naic-là ; mais elle ne vous donne pas le droit de jeter l'insulte à des hommes qui, fort heureusement, sont placés à une hauteur morale qui les met à l'abri de vos atteintes. Les signataires de la déclaration du 16 février, ont donné vingt fois plus de gages que vous à la cause du malheureux dont vous encensez les turpitudes. S'ils viennent de s'en séparer, c'est parce que l'honneur le leur a commandé d'une voix sévère ; c'est parce qu'ils ne savent ni se faire les complices d'une imposture avouée, ni tolérer de sang-froid une dépravation criminelle, pour gagner plus tard un brevet de courtisan ! (1)

Avant de vous quitter, je livre à vos méditations ce passage d'une lettre que M. Xavier Laprade adressa à une personne domiciliée à Lyon, le 10 mars, en réponse à votre circulaire qu'il venait d'en recevoir :

« C'est à l'auteur stupide de cette lettre, c'est à ses fauteurs honteux, que nous renvoyons le *mépris* et l'*indignation*. Ce que nous avons fait, c'est au grand jour que nous l'avons fait. Il n'appartient qu'à des misérables qui ont la conscience de l'ignominie de leurs actes, de ne pas signer de leurs noms, et de ne pas avouer les écrits qu'ils font. »

La leçon sévère contenue dans ces lignes vous apprendra sans doute que, lorsqu'on a le courage d'écrire des platitudes, il faut y joindre le courage de les signer.

DEUX MOTS AU SIEUR MODESTE GRUAU.

Monsieur ,

J'écrivais au sieur Dussurgey le 26 octobre 1840 , et je lui disais de vous ce que je vous prie de vouloir bien lire.

« M. Gruau a été pour cette famille et pour son chef un véritable fléau ; ou, pour mieux dire, il a été l'instrument choisi par Dieu, dans sa sagesse, pour que les prédictions du laboureur de la Beauce eussent à s'accomplir rigoureusement jusqu'à la dernière. En effet, comment le

---

(1) Le lecteur a dû s'arrêter quelquefois devant ces lithographies spirituelles, qui nous montrent l'une des personnifications les plus hideuses de notre époque, dans les diverses professions de la vie sociale ? Quand on connaît certains individus et qu'on les voit agir , une pensée vous frappe : on se dit que la collection n'est pas complète, et que les crayons de l'artiste ont oublié : ROBERT-MACAIRE , SPÉCULATEUR PROVIDENTIEL.

Prince serait-il l'homme rempli d'imperfections, et en faveur duquel la puissance divine devra opérer le plus grand des miracles , instantanément ; qu'elle changera du tout au tout, *qu'elle retournera comme un gant* ; comment serait-il tel , s'il eût eu pour directeur omnipotent pendant cinq années , un conseiller qui serait en connaissance des hommes et des choses, en dignité, en intelligence, en probité morale , en loyauté et en talent, tout ce que M. Gruau n'est pas (1) ? Un semblable conseiller eût compris que, dans la position du fils méconnu de Louis XVI et de sa famille , il y avait d'autres enseignemens à leur donner que ceux de leurs droits à une obéissance servile et à une basse adulation. Il eût compris également, qu'il ne devait pas encourager de coupables mensonges et des impostures sacrilèges, tels que le prince en commet journellement , tels qu'il semble avoir pris l'habitude d'en commettre, sans relâche et sans remords , pour forcer de faibles amis à prêter leur concours à des actes extravagans. »

Telle est l'opinion que j'exprimais sur votre compte au sieur Dussurgey, le 26 octobre dernier ; et, presque à la même époque, je la communiquais à M. Charles de Cosson dans les termes suivans :

« Il y a long-temps que toute la conduite de M. Gruau donne fort à penser. Je veux bien ne pas répéter les bruits accusateurs qui circulent : je me plais à croire , jusqu'à nouvel ordre , que tant d'apparences puissantes et propres à légitimer les soupçons sont trompeuses. Mais ce qu'il y a d'évident, et ce que chacun répète , c'est, qu'un fourbe soldé par les ennemis du fils de Louis XVI, pour aliéner à sa cause les hommes qui ont quelque dignité dans l'âme, en affectant et en exigeant pour elle un dévouement poussé jusqu'à la servilité la plus niaise et la plus basse (2) ;

---

(1) A-t-il profité des leçons de toute espèce de son mentor, l'homme qui s'écriait un jour :—« Si j'étais sur le trône, et qu'il me plût de créer mon cuisinier maréchal de France et général en chef de mes armées, il faudrait bien qu'il fût reconnu comme tel : ah ! ah ! c'est que je ferais pendre ou fusiller le premier de mes sujets qui oserait y trouver à redire ! »—M. Jules Favre, que la curiosité avait amené à Camberwell , était présent, et c'est à lui que ces paroles furent adressées. Quelle triste opinion cet honorable avocat a dû remporter de celui dont il ne conteste pas l'identité !

(2) Voici un exemple de cette servilité :—La femme du prétendant venait d'accoucher d'un fils dans l'un des premiers mois de 1840 : il n'y avait pas de quoi allumer des feux de joie : le nouveau venu comptait six aînés pleins de vie, et la famille ne courait aucun risque de s'éteindre :

c'est, qu'un faux ami qui prendrait à tâche de vouer cette noble cause au ridicule, de la couvrir d'un vernis sale et odieux, de la déshonorer par l'extravagance et le mensonge, ne s'y prendrait pas autrement que M. Gruau. »

Ces deux citations qui résument ma pensée sur ce que vous êtes, me dispenseront de m'entretenir longuement avec vous.

Digne continuateur du savetier Simon, vous reçutes la mission de reprendre, après quarante-deux ans, sur un homme au déclin de l'âge, l'œuvre de démoralisation commencée sur un enfant captif par ce sans-culotte. Là où Simon employa la terreur et son pouvoir de geôlier, vous mîtes en jeu d'autres ressorts : vous déployâtes toute la vileté artificieuse du courtisan. Oh ! vous vous êtes montré fidèle à votre consigne, et vous avez bien mérité de ceux qui vous la donnèrent ! Regardez ce rejeton de soixante rois qu'ils vous chargèrent de dégrader : peut-il l'être davantage ? Applaudissez-vous, Monsieur, triomphez ! Mais qui vous envierait ce méprisable triomphe ? (1)

N'importe ! l'intrépide courtisan qui vit une occasion superbe pour faire éclater son amour, ne la laissa pas échapper. Il s'abandonna à de folles démonstrations d'allégresse : il s'écria 30 ou 40 fois dans la journée : « Ce jour est le plus beau de ma vie ! » Le soir, il envoya chercher quelques bouteilles de vin de Porto, et il s'enivra de la manière la plus complète. Ensuite, cet homme à cheveux blancs ne pouvant plus se tenir sur ses jambes, se roula sur le plancher. La fille aînée de son maître était là : il voulut se traîner vers elle, dans cet état, pour la complimenter. Cette jeune personne se recula avec dégoût, pour se soustraire à ses félicitations et aux gestes dont il les accompagnait ; mais son père lui dit impérieusement : — « Reste-là, je te l'ordonne ! » — A la bonne heure ! voilà un père qui sait faire respecter la dignité et la pudeur de sa fille !

(1) Il est hors de doute aujourd'hui, que le sieur Gruau n'a été, auprès de celui dont il a réussi à compléter la dégradation morale, que l'agent de la politique du faubourg St.-Germain.—Dilapider les fonds; ridiculiser, bafouer et avilir la cause, sous le masque d'un dévouement fanatique ; en éloigner peu-à-peu les hommes de cœur qui s'y étaient rattachés, telle fut la consigne qu'il reçut et dont il ne s'écarta pas un seul jour. Le gouvernement qui sait où veut en venir cet honnête personnage, s'est bien gardé de le troubler.—M. J. Bte. Laprade, se rendant en Suisse, fut arrêté dans le département de l'Ain, sur un ordre du ministère ; on visita, on bouleversa ses malles ; et ce ne fut qu'à grand'peine qu'il obtint la liberté de continuer son voyage. Les prévenus dans l'affaire de la *Doctrine*

La justice humaine pourrait peut-être vous demander compte de quelques-uns des moyens dont vous vous êtes servi.—Vous qui, depuis cinq ans, vivez aux dépens du proscrit, c'est-à-dire, aux dépens de ceux qui le soutiennent; vous qui puisez sans cesse, d'une main rapace, dans une bourse qui ne se remplit que de leurs privations, et qui a déjà dévoré plusieurs patrimoines, qu'avez-vous donné pour votre part? Vous avez donné 21,000 francs (1) ; et vous avez dépensé personnellement au-delà de cette somme dans la seule année 1840 !

Quand vous partîtes pour Paris, le 26 septembre, pour la seconde fois de l'année, vous aviez 7,500 fr. dans votre poche.—Vous voyez que je suis bien instruit.—Un mois s'était à peine écoulé que vous commenciez à crier misère, que vous demandiez et que vous receviez d'autres subsides. Un mois plus tard, nouvelle demande, nouvel envoi. Vous étiez insatiable ! Je sais que l'affaire du *Capitole* vous servait de prétexte ; mais le moindre clerc d'avoué que nous consulterons, vous prouvera sans réplique, que *le dixième des fonds exigés par vous pour cette affaire en eût couvert les frais.* Le procès au *Capitole...* mais votre avocat, Me. Jules Favre, a refusé généreusement les hono-

---

Céleste, MM. de Chabron et Vidal essuyèrent des visites domiciliaires et des vexations sans nombre : le pouvoir ne leur fit grâce ni d'un jour de prison, ni d'un sol d'amende, après leur condamnation. Eh bien ! le sieur Gruau qui devait répondre de l'ouvrage à leur place, selon les règles de l'équité , ne fut même pas mis en cause, et jamais la police ne l'inquiéta dans ses allées et venues ! M. Charles de Cosson, à peine arrivé à Paris l'année dernière, se vit arrêter et conduire à la préfecture de police. Là, il dit tout naturellement au fonctionnaire qui l'interrogeait :—« Pourquoi l'autorité s'adresse-t-elle à moi plutôt qu'à M. Gruau, qui demeure dans le même hôtel ? Si les papiers importans que vous cherchez existent , c'est chez lui plus que chez moi que vous les trouverez : c'est lui seul qui est le confident du Prince et le dépositaire de ses secrets : vous ne pouvez pas ignorer cela. » On eut l'air de ne pas entendre M. de Cosson ; et comme il réitérait sa question en insistant, on lui répondit avec impatience :— « Nous n'avons rien à démêler avec M. Gruau. »—Tout cela est-il assez clair ?—Il y a pourtant cinq ans que cet industriel va son train, et qu'il travaille pour le compte de Goritz , sous la protection du gouvernement français, sans que personne y mette obstacle !

(1) Je tiens le fait de la personne même qui a aidé le sieur Gruau à opérer la réalisation de ces 21,000 francs.

raires qui lui étaient dus ; et je ne sache pas que le tribunal vous ait condamné à payer un centime d'amende ou de dommages-intérêts.

Oui, mais pendant les interminables lenteurs de cette poursuite, vous tranchiez du comte à Paris, vous vous en arrogiez le titre, vous qui êtes plus roturier que moi ! Il vous fallait un appartement coquet et confortable, une nourriture sensuelle, des soirées à l'opéra, et la satisfaction d'une foule de caprices. Il vous fallait solder la complaisance d'un drôle par qui vous vous faisiez flagorner, et dont vous aviez soin d'envoyer la prose à votre maître, pour lui persuader que tout Paris s'occupait du fils de Louis XVI et de son fidèle Gruau.—Oserez-vous contester une seule de ces assertions? Alors, prenez la plume, et dites-nous où sont passées les sommes qui vous furent remises. Vous avez reçu 25,000 fr. pour le procès au *Capitole* : homme intègre et délicat, faites-en le compte !

CONCLUSION.

Réduit à la pénible obligation de frapper au nom de la morale le coupable dont j'ai prouvé l'identité avec l'Orphelin du Temple, et pour lequel j'eusse voulu pouvoir réclamer l'estime et le respect jusqu'à la fin, j'ai hésité à plus d'une reprise dans le cours de cette tâche ; j'ai senti plus d'une fois ma main prête à laisser tomber ma plume. Si j'ai trouvé la force de poursuivre jusqu'à la dernière page, je l'ai puisée dans le sentiment du devoir ; je l'ai puisée surtout dans la pensée que cette brochure deviendrait peut-être un bienfait : non pas un bienfait tel que les flatteurs le comprennent ; mais tel qu'il doit être compris par les amis sincères d'une cause tombée dans l'opprobre, mais qui peut se relever de son avilissement.

Déjà, je le sais, ma lettre aux anciens lecteurs de la *Voix d'un Proscrit*, et la déclaration consciencieuse à laquelle j'ai participé, m'ont attiré la haine de quelques misérables dont j'ai parlé en commençant. Exaspérés par le spectacle d'une loyauté qui marche à front découvert et qui est la condamnation de leur bassesse, ils ont essayé de se venger en dénaturant les motifs de ma conduite ; et il est probable qu'ils l'essaieront de nouveau. Que m'importe ! Il faudrait des faits, et ces calomniateurs n'ont que des injures ! Aussi, c'est en vain qu'ils s'efforcent de déverser sur mon caractère une partie de l'abjection qui est dans leur âme : mon caractère est connu : ils ne parviendront pas à le salir de leur venin ! Ma vie est là pour leur répondre ; et je défie quiconque scrutera mon passé , d'en exhumer , je ne dis pas une action vénale , mais une seule action dictée par l'intérêt.

Voilà ce que j'ai à dire, non seulement au ministre en expectative qui , en attendant son porte-feuille, remplit le triple rôle de sangsue , de corrupteur et de traître auprès du prétendant ; mais au médecin de Lyon dont il se sert comme d'un valet ; voilà quel défi je leur porte à l'un et à l'autre, de toute la hauteur du mépris qu'ils m'inspirent.

Qui oserait sonder les desseins de celui qui gouverne le monde ? Serait-il vrai que cette dégradation dont nous sommes les témoins , était arrêtée comme nécessaire par une sagesse incompréhensible et infinie ? Des hommes religieux me l'assurent.—« N'en doutez pas , me disent-ils , cette perversité dont le tableau est si affligeant , ces fourberies sacrilèges , cette vie de scandales , enfin, ces lâches flatteurs qui encouragent le proscrit à marcher dans une voie inique , tout cela a été réglé par une sainte omnipotence qui veut conduire ce fils de roi au bien , en le faisant passer par l'excès du mal. Ne faut-il pas qu'il ait été en contact avec le côté impur de notre humanité pour apprendre à la connaître ? Ne faut-il pas qu'il ait vu le vice dans sa laideur et qu'il lui ait payé tribut pour aimer la vertu plus tard ? Ces égaremens ne sauraient vous surprendre : le prophète de la Beauce les a annoncés. Croyez-le bien, tout cela est providentiel. »

Loin de moi la pensée téméraire de fixer des bornes à la puissance du Très-Haut ! Mais n'est-il pas permis à un faible mortel qui ne peut baser l'avenir que sur les vraisemblances humaines, et qui a le tableau du présent sous les yeux, de douter quelquefois de l'accomplissement des prédictions de Martin , et d'attendre les miracles promis au nom du ciel, pour croire que tant de sagesse et de perfection peuvent succéder à tant de dépravation et de folie ?

Vous qui êtes encore auprès de l'insensé que nous voulûmes sauver sans y réussir, si vous lui portez une affection réelle , c'est à vous de reprendre l'œuvre que nous tentâmes sans succès. Vous voyez que ce malheureux se perd : parlez-lui avec force.

Dites-lui que c'es commettre un crime anti-social et un attentat contre le ciel, que e supposer des révélations, pour substituer une religion de mensonge à une religion consacrée par dix-huit siècles et par le respect des peuples. Faites-lui sentir , en même temps, combien il est odieux d'abuser de l'attachement d'un pauvre prêtre et de la détresse où il l'a réduit, pour le retenir dans l'apostasie par le besoin, après l'y avoir précipité si cruellement à l'aide de tant de blasphèmes et de parjures.

Dites-lui que c'est un acte flétri par la probité la plus vulgaire, que de faire parler un ange pour dépouiller son prochain ; et que c'est parodier la puissance divine avec une audace impie, que d'assigner une époque à des événemens dont Dieu seul connaît l'heure, si cette heure doit sonner.

Dites-lui qu'il n'a pas le droit de ravir à ses enfans légitimes et à leur mère, les ressources qu'il demande à tant de dévouemens généreux, pour les porter à une femme de mauvaise vie et à une famille adultérine ; que c'est un double vol qu'il fait à ses amis et qu'il fait à ses enfans.

Dites-lui que de pareils désordres sont honteux à son âge, qu'ils sont ignominieux pour un père de famille ! De quel front viendrait-il prêcher le devoir et la vertu à ses fils, quand l'exemple de leur père leur crierait chaque jour qu'il n'existe ni vertu ni devoirs ? Il y a assez long-temps qu'il s'agite dans le bourbier du vice, et qu'il sue le mensonge par tous les pores ; dites-lui de travailler à devenir honnête homme : c'est toujours le plus sûr calcul et la meilleure politique.

Arrachez-le au démon de l'imposture et au faux ami qui l'entraîne à l'abîme ; arrachez-le à l'immoralité qui le ronge ; et, en relevant sa cause avilie, vous l'aurez sauvé d'un avenir désastreux ; et vous aurez mérité l'éternelle reconnaissance et l'estime des siens.

POST SCRIPTUM.

***

Le 28 avril.

Des lettres de Paris viennent de m'apprendre l'existence d'un second libelle Lyonnais de quatre pages, où l'on revient à la charge contre les signataires de la déclaration du 16 février. Ce libelle n'est, à ce qu'il parait, d'un bout à l'autre, qu'un ramassis d'injures dégoûtantes qui s'adressent plus particulièrement à M. Xavier Laprade et à moi. Mes amis semblent croire que cette nouvelle production m'est connue : ils se trompent. Néanmoins, il est probable qu'elle m'a été envoyée dans l'une des lettres que jai refusées, et qui seront rendues à leur auteur, quand la poste les aura ouvertes pour savoir qui il est.

Le père du factum, le sieur Dussurgey, aurait-il reçu du sieur Gruau l'ordre de ne plus se cacher sous le voile de l'anonyme ? Il faut le croire, car on me dit qu'il a signé son œuvre. Mais, fidèle à l'instinct de lâcheté qui ne peut pas abandonner les gens de sa sorte, il n'a pas voulu que son nom figurât seul. En conséquence, il a été mendier les signatures de trois de ses compatriotes qui n'ont jamais mis les pieds à Camberwell ; qui n'ont aucune relation avec ceux qui l'habitent ou qui l'ont habité ; en un mot, qui ne savent rien, hormis ce qu'ils ont pu apprendre par la Voix d'un Proscrit, dont le dernier numéro date d'une année. Voilà quels auxiliaires ce valet maladroit a raccolés pour faire l'apologie des vertus du faux révélateur, et pour n'être pas seul à injurier des hommes de conscience !

Cette stupide bouffonnerie n'aura pas le résultat que la prudence de son auteur s'en est promis. Je n'ai pas l'habitude de prendre au sérieux les hommes de paille. Quand j'ai à m'occuper d'un écrit, je vais droit à celui qui l'a conçu et rédigé, en laissant de côté les mannequins qui l'escortent. L'estimable médecin continue son rôle : les yeux toujours fixés sur l'avenir providentiel dont il espère une livrée de courtisan, il cherche à la gagner, à grand renfort de servilité et d'infamie. Qu'il *poursuive à son aise ! Mais qu'il trouve bon, qu'en attendant, je lui arrache son masque. MM. Roydor et Xavier Laprade m'écrivent : — « Ne descendez pas jusqu'à répondre à ce vil personnage ; vaut-il la peine que vous vous donneriez pour le flétrir ? Faites comme nous : ne lui opposez que le silence du mépris. » — Cette magnanimité est louable, sans doute ; mais je ne l'imiterai pas. C'est précisément, parce que le sieur Dussurgey serait enchanté de se voir placé sous la sauve-garde d'un silence de mépris, qu'il ne convient pas de la lui accorder. Il faut que justice se fasse, et je m'en charge : je la lui promets bonne et complète. D'ailleurs, c'est à moi plus qu'à tout autre, à moi qui connais si bien le cœur pétri d'astuce et de boue de cet individu, qu'il appartient de régler les comptes de l'honneur avec lui, et de prendre un fer rouge pour l'en marquer au front.*